Herstellung und Verlag:
BoD - Books on Demand, Norderstedt
ISBN: 978-3-7578-8601-1

Ulrich Jösting

Ich

be
statte
ein
Eichhörnc
hen

Mein Vater lebt in seinem Haus.
Ein Pflaumenbaum wächst im
Vorgarten. Briefe schreibt mein Vater
nicht, aber ich. Abends sitzen wir
nebeneinander und lächeln.
"Ich weiß von NICHTS."
"Aber du bist enttäuscht."
So reden wir.
"Erzähle mir, was das bedeutet."
"Ich bin wütend."
Hinter vorgehaltener Hand beobachte
ich die Wiedergeburt. Erst begreife ich
es nicht, aber dann wird mir klar, dass
ich tot bin, an einem Glas hafte, das
ein Fenster sein könnte, ein Spiegel
oder einfach eine glatte Fläche. Ich
kann NICHTS fordern.
"Mein Lebensbaum ist die Eiche."
"Das Geheimnis ist keine Antwort."
Ich weiß das doch

dauert
lange
im Freudenhaus
zum Gefühl
zu kommen
unten
im Erdgeschoss
an der Rezeption
ist niemand
der auf Feuer wartet
besser ist es
unter Eichen liegen

In der Felsnische
neigt sich vor dem Auge
jeder Zentimeter
zur Nähe von jemandem
der endlich den Zug
verpassen muss
mit langen Haaren
und Socken an

In offenen Armen
tief im Wasser
erlischt die Hoffnung
auf dem Grund
niemand mag dort Licht
Leichen nur und Kot
Hand in Hand
duschen Kinder hier
unbeaufsichtigt

Jeden Tag
braune Stille
langsam
runter gehen
die findet Haare
an einem Ort
einfach
liegen bleiben
am Boden
eigene Silberstimme
blickt auf
rosiges Kindgesicht

Wunder stillen Korrekturen
in der Luft zählen Arme grob
manchmal scheint es
Flügel wachsen nicht
auch Dinge laufen falsch
jetzt und sonst scheint
Leben zu viel
das Brot zu echt
nach und nach
ist es einfach nicht gut
zu spüren
früher oder später
durchschaut der Schwarm
sich im Umdrehen

Tisch ist leer
der Witz des
Blutergüsse
geschieht
eine Geschichte
auf den Rücken
das feuchte
geöffnet
bei der Ankunft
Strand
im Sand
Nachrichten
zum Schluss
eine Zeichen
bereit die
wahre Schläge
bereit zum
finsterem
stößt ab wie
Kuss
liegt im
still
das sogenannte
Wolkenballen
auch

Lachens müde
kontrollieren wie was

dreht sich blitzschnell

Feldbett ist weit

am vergeudeten

zerkratzte

bleibt dann dieses

Richtung zu zeigen
des Herzens zu geben
Mond zu segeln auf
Wasser
zum ersten Mal der

gelbfahlen Dunkeln

Leben zwischen

So gibt es nicht nur
nichts zu erklären
eine gebogene Form
h a b e n   e i n e
Wörter gehen wie ein
Runde um Runde
Gedanken
große Ideen eine Art
folgt dem Rand dreht
auf den einzigen
s p i e g e l h e l l d e r
sieht hässlich aus da
Höhe
in einem Verhör vor
zuschnappen
woraufhin ein halber
Wonne platzt
zugegebenermaßen
u n g e b o r e n e
ein Kühlschrank
Haus
es ist immer am
Licht aus ist Flügel
hörst du
d i e s e n k l e i n e n
am Ende
wenn die Seele den

einmal

haben die Wände
gebogene Form
Kissen weich
m a c h e n   v i e l e

Fenster
sich wartet
Wunsch vielleicht
nächste Akt
Fragen aus großer

l e e r e n F l a s c h e n

Traum mit neuer

g e s t ä n d i g   d a
Hühnerstimmen wie
summen im leeren

besten wenn das
zucken es gibt aber

heiligen Klavierklang

Körper verlässt

Ruhe schuldet dem
Minute für Minute
das Licht der Welt
Dunkeln aber
hat offene Augen der
Menschenfresser
dabei während die
zumindest Realisten
angesichts absoluter
unabänderliche
rotblaugrünen
da wird alles
was in diesem
gefangen ist
die verdammt
Wiedersehen zu
große Ideen von den
und von
passieren nicht auf
doch noch ohne
Lärm was fehlt
Verstand denkt was
Motten folgen weil
Arten von Flügeln
verwischen den Ort
kribbeln ohne
wirklichen Grund
wieder an genug

zornigen Tag
Freundschaft oder
fürchtet sich im

unechte

vielen Sklavenhalter
sind
Hoffnung auf
Sätze im
Kartenhaus
aufgezeichnet
heißen Raum

seltsame Art auf
sagen
Würmern gepackt
Krach
dieser Erde
Wohlwollen füllt
schmutziger
er will nicht den
es andere gibt kleine
Nummern
hübsche Muster

doppelt und dreifach
Butter

Über den Torso legt die Abwesenheit ihren Arm
berührt den schicken Anzug mit der weißen Rose
auszuwählen den schlimmsten Moment ist schwer
selten lässt Aufschrei großes Leben herein

In der klaren Morgenluft sind Beine lang Haar ist fein
Oberlippe kurz Zähne klein eine Augenseite grün
dies ist nur die Maiskolbenpuppe heute öffnet sich ihre Hand
für eine zufällige Folge von sechs Zahlen

Vorbei am Tisch mit Brot und Wasser
vollkommen still bleibt dieser Mund
leckt Schweiß der leise tönt auf der Schwelle blutiger Grund
reines Bild des Gesichts mit Tautropfen weiß
stürmt Unendlichkeit durch den Tag Augen folgen ihr im Kreis

Nachmittags am Fenster schiebt Zeit den
Vorhang vor
wenn dann nicht stadtauswärts wo Wollust
doch zittert
vom Dorn Blut leise tropft schreien Bäume
blau
vielleicht verwesen Lichter lau und lind

Alles dreht sich vor der Tür wieder und wieder
wankt auf der Kante honigsüß ein Körper so
voller Arme
noch nie zuvor gefühlte Worte weit aber nicht
fern
können nicht beschreiben wie Liebe geht

Dies ist das neue Lied der ewige Juckreiz eine
totale
Zeitverschwendung Sonnenschein ist
derjenige der schreit
die Stecknadeln stechen hinein wie der Vater
im Morgenmantel
aber die Schwerkraft gewinnt immer

Hallo Fährmann, ein Faltenwurf glaubt wieder an
                                              Vernunft
im Bett liegt heute schon das Totenschiff vor Anker
vom Wiesengrund naht Zumutung
die Hand verweilt am kalten Ruder lang

Grüner Fluss knüpft im Gefängnis selbst aus
                              Taschentüchern eine Schlinge
pausenlos fällt Gischt Licht im kranken Gras
anders der Klang und dieser Rabenschrei
schlägt zu geformte Sprache ohne Maß

Lichtlast entriegelt Rosenherz in sieben Nächten
                                            sternenweit
ja auf diese Weise erleiden alle immer jeden
                                            Schiffbruch
herrenlose Liebe in der Hand im Hinterkopf ein steifer
                                            Hügel
am nächsten Tag strahlt nabellose Sonne über einen
                                            Haufen Schutt

Es ist schlimm das Zauberwort zu früh zu nennen
wenn alle laut rufen an undurchdringbarer Mauer
muss es drinnen kommen zur Macht im Beleben
knöcherne Hand spielt nicht unstillbar das Herz

In den Schatten gestellt sehen neuartige
Kriegsmaschinen
den elternlosen Spiegel singen im Randgebiet
Kinder wachsen unheilbar plötzlich wissen alle
Bescheid
nachlässig lächeln Berghauch und Meerwind die
Wunde himmelwärts

Ewiger und heißer diese Art von unsagbarer Ahnung
zählt was die fernen Schimmer warmer Wüsten
unter allen Geboten vorsichtig streunen
weiße Knochen suchen in freien Verstecken stille
Gespräche

Müßige Hände zerwühlen oben die Asche der
Diamanten sicher
gibt die tückische Straße her
geronnene Energie solange sie noch kann
faule Augen fangen das Geflacker ein vom vierten Rad
am Wagen

Verlorene Ursache dient dem Satz
alle hässlichen Schätze stranden in der Unendlichkeit
am Rand von nichts mehr
ist Zeit jetzt dankbar für jede Geschichte

ein Mangel an Sauerstoff
ist hier heilig
oben außer Reichweite
fallen alle Dinge auseinander

spricht die Welt aus
alles fängt an zu sterben
das Essen von gestern
umarmt die Teller

das ist nur die Hälfte
es ist nie wirklich wichtig
wahre Kinder schmecken
immer noch nach Gift

*W*eil der Schleier sinkt fingert grundlos Volk am Schimmer
vor dem richtigen Weg wo eine Lücke endet und beginnt
aus dem Handgelenk schüttelt die schlechte Nachricht
mundfaul eine Prise Salz in den trockenen Brunnen

*V*on jetzt an zu denken dass die Sonne nicht scheint
ist sicher nicht schlimm beim Abendmahl
am Ende der Straße im dort befindlichen Wendehammer
verstümmelt immer noch ein netter Mensch den anderen
zumindest hier in dieser Gegend

*H*andvolle Gnade der Leere beheimatet Gedichte
die durch Haare strömen
Wörter die entscheiden wohin es aufrecht geht
von hier ja ist es schwer zwar
streut die Nacht das frische Schweigen
bei Kerzenlicht mit leichtem Schwung
bis rätselhafte Wasserhähne sämtlich wecken

*V*ielleicht verschwindet jenes leberige Leiden
aber das Gefühl scheint zu bleiben
während Meer zu blühen beginnt
mit offenem Mund nach und nach
das Wasser unschuldig am Ziel
irgendwer schreibt hierher fließen
Nervenzellensignale zweckfrei in Echtzeit fliehen Tage
Flüchtigkeitsfehler heucheln ziehen Zahlen Rückschlüsse
auf falsche Fingernägel am Fensterbrett
eine wirkliche Welt in ihrer Schale

*U*ngesättigt schickt die Kühle noch mehr ernste Töne aus
an diesem Hochzeitstag ohne Rose
lehrt menschenleeren Traum auf einer Liste in diesem
Winkel die Haut zum Weinen zu bringen
an irgendeiner Tür spielen Fehler mit dem widerlichen Licht
also wird die Nacht lang oder der Tag wenn wirklich
jemand stirbt

plötzliche Worte dürfen
niemals gesprochen werden
bevor der Himmel aufbricht
heute über dem Balkon

fließt Feuer mittendrin die große Platte
verabschiedet sich vom Hungerstreik
eine einfache Kombination immer noch
Atemschrei und eine Kleinigkeit

Aufstieg fällt schön gegen
jede Vernunft ist jetzt der Salzstreuer offen
für Stumpfsinn immer noch
Klick Klack oder so im goldenen Bett

ein Gesamtwerk mehrt blaues Licht
woher kommt noch mehr Geschlecht
vielleicht ja königlich
zusammen prophezeit dies rein

gar nichts in jener Welt
geht ungeschickt dummes Ding
leichtes Leben umarmt
gewillt verspätet Mutterleib

kostbar überlistet sanfte Rasse sanfte Armut
erwähnen Neues Wartende die erzählen
die Geschichte ist ziemlich klar
es hört nicht auf mit dem Morden

aus neuem Holz schnitzt der Stolz
den Dorn der auf weißer Asche ahnungslos
Parole weis in eigener Welt schleicht er
aus dem Raum weil

ein Planet nur auf Papier der sich
für den guten Willen interessiert
insbesondere im Hintergrund
kümmert sich ein Dampf darum

Vorher beweist **die Fliegenfr au** die große Fahrt. Unerkennbar fließt **sie in neuer Gestalt in** einer venösen Strömung. Hier regiert der äthiopische Kaiser, hier gibt es nur den Glauben, der mit dem Verzicht droht. Der lustbübische Kundschafter wagt einen Abstecher **mit** dem **Handgelen** k. Aus der Beobachtung entsteht in seiner weißen Seele eine gewisse Verantwortu ng, die er bereit ist zu tragen. Die Fliegenfrau ist nicht **da. Endgülti g ist die** Vorherrsch aft entwendet. Am Beginn der Reise **gibt** es die Geburt der Verwirrung. Der äthiopische Kaiser entsteigt dem Leib seines Gefährten und lässt sich anschließend von ihm huldigen. Die Dichte der Schwindsucht verschwindet in der Eitelkeit. Der Gefährte missbraucht den Tag der Geschichte. Seine jugendliche Geduld erwächst zum nächsten Schritt, zur wässrigen Beobachtung. Er säugt die Pflege und nährt den Kummer, schleicht hinein voller Unsicherheit in **das Alter.** Das ist die Einwirkung der Gegenbewegung, die ruhig mehr gewürdigt werden könnte von der Dichte der Schwindsucht, wo sich der Vorwurf vom Atemzug unterscheidet. Die Gegenbewegung führt zu einer neuen Orientierung, die zur Belehrung wird, **während** eine Begründung den Tatbestand wiederholt. Letztlich kann der äthiopische Kaiser sich behaupten. Er geht, begleitet von seinem Gefährten, zu der Stätte der Empfängnis, wo der **richtige Tod lagert.** Andernorts fügt die Macht des schlechten Auges dem Gefährten einen Verlust zu, den er lang nicht versteht. Der Verlust ist aber noch keine Niederlage, obwohl die Niedergeschlagenheit des Gefährten diesen *Zug* **annimmt.**

danach
imgrunde schon
ist es
überhaupt möglich
wie ein Stern
in einem Satz versteckt
da zu sein
ohne nachzudenken
jahrelang still und starr
alt genug

sonst beleuchtetet Glückwunsch
Sonnenzug wie Mutterkuchen
niemand von dieser Welt kühlt kalte Stellen
unterwegs am gleichen Fluss das
Wunder
des ersten Kindes freie Auswahl
unversehrt erzählen reinste Segel
blutig Morgensonne dann
ein Schatten der sich schämt
allein umschlungen

in seiner Kühle

momentan
ohne
Zellenfrieden
so grundlos
schön
verdurstet auf
der
Wasserscheide
nachts glatt
und klar
trotzdem
darüber größer
auch älter am
Rand
unfassbar
versetzt die
Wand

dass es überhaupt möglich ist

nichts Neues im Leben
Hände auf dem Rad
ferne Lichter auf der Straße
heutzutage wie ein Ende

Asche zu Asche ein gleichnamiger
Vergleich defekte Diamanten
in der Sonne wie ein Toter
sterben könnte

gut
am Fenster die Gezeiten
gedreht wachsen Lügen
freundlich geht es dahin

ein paar Tage faule Sonne
härter
niemals die Art verlassen
jedes Mal

winken Gewehre
dort stehen keine Sorgen
sondern Strafe darum
im Verstand

guter Freund
große Liebe
verängstigt und steif
nichts an sich selbst

einen Tag Ruhe
leere Waffe
lose Veränderung
Gesichter sagen:

Ja

Arbeit fehlt so

staubgefangenes Blut wandelt
auf keinen Fall
die Finger endlich
rückwärts unter die Haut
im Raum speist die Erstgeburt
eingewurzelt tränt Brot
hadert Wasser Mond
leuchtet daneben um eines Namens Ehre
willen wie Dreck verbrannt
das meint wirklich
nichts vorbei zischt aber
nicht Verlieren vielleicht
alte Zauberei an diesem
Morgen an diesem Ort
hier da gehen Vögel hin

unter der
todtraurigen Kopfbedeckung
schält Geste zur Begrüßung
leichtes Licht
unnatürlich hört sich an
beim letzten Aufenthalt
der diesmal fruchtgefüllte Schwall
hält reich starker Wille
wechselt ab die strenge Form
wozu die Worte
fehlen beschäftigt rot
Zurrgurt bindet wiederum
besonders weich
auch kriegsbedingt
Botschaft reinigt
Klangkörper
vom Brandschatz daran

an diesem tatenarmen Tag
erkennt das Auge Silberwolken
zwei oder eine Träne schwillt heraus
sie fällt auf tausend Bilder

gebrauchter Tag
schmiedet Eisen
kalt die Zeit
so tief zu haben
macht er besser
den Bluttest
pflichtbewusst
ganz weit weg

In jenem Spiegel
kratzt köstlich
ein Gericht mit Altwasser
Gültigkeit dauernd
fühlt dieser Lebenstag
ein wenig
nochmal eine
Handvoll Streckendurst
stört doch nicht

Tiefe Uhren sprechen in
die Stille nichts zieht
sich zusammen fern
verdämmert der
Himmel wortlos
kommt die Nacht
vernichtet die eckige
Hoffnung auf dem weißen Tuch

Vernimmt die Stimme einen
Folgeschritt
wächst und wendet
sich ab Frucht vom Land Gewalttat
naht am Tag doch nachts
ist Mann für Mann bedeckt mit
Friedensküssen begegnen Quellen
die es gut meinen groß sind

Allein bald
mit dem ganzen Schmerz am Himmel
richtet Pflicht sich
nach der Geburt
zu liegen leise
auf dieser Erde
tagsüber
in der Mulde
ganz im Schatten
löst das Versprechen ein
zieht Kinder groß
die folgen auf dem Fuß

Nacht scheint dunkel
verwirrte Sonne gibt einen Grund
um diese Gedanken so schwarz zu
unterhalten
füllt sie ihr Gesicht mit Eiern und Speck
was sehr falsch ist
eingekreiste Leere lacht darüber schnell
in der Glaswelt auf dem Papiermond
jagen schlaue Sprüche in der Saison
Menschen denkt der verlorene Text

Ausgedienter Mut wartet

halbnackt im Hohlkreuz

flache Hand schenkt

Fehler widerwillig

kichert Abschied zur

eingeführten Zeit

heiß und kalt ist

am Strand der Sand

Erben fallen ein, die

haben einen Haufen, füttern

Vögel unterm Himmel

mit Landfleisch. Treue

hängt herab, ganz

glüht Zorn, strömt

Blut und Betrug. Wache

Trümmer kleben

an Haut. Gebein

macht los hohes Seufzen.

Ein gelber Geschmack mit

hübschem Faden verpasst

den Wunsch. Wind

verwirbelt schnell

die Frage, ob es richtig ist.

Geachtet fährt die Grube
in die Tiefe, um Wunder
zu vergessen. Schrecklich
flutet allzumal
der Schlag, verwaltet
sparsam von dem
Zwang. Umsorgt Gebot
die gewaltigen Ströme. Mit
gleicher Hand
schwindet Jugend nachts.

Blut rauscht
unaussprechlich über
Fieberkälte her
oft
preist Wahn
die Wörter
erlischt schlecht
der reife Schrei
Lichtherz
hat sich
in den Mund
geschossen
um
geschöpft zu sein

Die Zeichen dauerhafter Versöhnung setzen sich, reichen zurück und danken der Überwindung. Dies ist ein ganz wichtiger Neubeginn, vor allem im Denken und Fühlen muss viel verkraftet werden. Die Eigenständigkeit des anderen bereichert die, die das Geben und Nehmen vorleben. Das Lebenselixier der Zivilisation begleitet die großen Ereignisse, in denen viele alte Beziehungen ihren Ursprung haben. Die Reaktion auf die historischen Veränderungen ist eine neue Form diplomatis cher Zusammenarbeit. Die Schlüsselrolle bei der Transformation wird von Erfolgswünschen zum Ausgang geleitet, da wacht der Froschkönig in seinem Holzbett auf. Seine Köchin, die Weihnachtsgans, ist heute ganz krank und will zum Arzt *gehen*. Also schickt der Froschkönig sie zum Arzt und kocht sich seine Eier selbst. Aber auch er nimmt nach dem Frühstück ein paar Pillen zu sich und gönnt sich einen Traum. Mit langen Haaren erzählt er eine Geschichte vor Millionen Fröschen, dass er einen Traum von einer gelben Feder hat, die mit einem Mann spricht. Sie sind gut befreundet. Die gelbe Feder wird immer frecher, sie fühlt sich gut dabei, es ist, als hätte sie Rückenwind. Da trägt die gelbe Feder einen Kopf, sie hat sich in den Mann verliebt. Der Froschkönig ist beeindruckt von dieser Vision und auch die Bevölkerung. Er bedankt sich für ihr Interesse und zieht eine Leiter an einem Seil herauf. Als das neue Land von einer Geste der Versöhnung besucht wird, bleibt der Froschkönig zu Hause. Das Prinzip der eleganten Kunst ist die

Voraussetzung für die Neubelebung der nationalen Kompetenz. Kernstück ist das Wissen um die nationalen Glaubenssätze, die eine erstrebenswerte Zukunft erzeugen. Die neue Scham schlägt rechtzeitig Alarm und trägt die wichtigsten Mythen zusammen. **Die Gesichtsveränderung begegnet den hartnäckigen Vorurteilen. Die überraschten Gäste sehen aus einem** **neuen Blickwinkel. Über das neue Land reitet der Froschkönig. Seine Vision ist noch nicht erfüllt, seine** Bestimmung **von der** Vorhersehung **noch nicht vollzogen. Mehrere Symbole nähern** sich aus verschiedenen Richtungen einem gemeinsamen Ziel. Wenn sich eine Person die neue Scham aneignet, kann sie viel erzählen. Diese Person steht an einem Stehpult in einem Zimmer, das von einer Zaunreiterin bewohnt wird, und arbeitet neben einem scharfen Schneidemesser und einem grauen Halstuch. Der Goldrausch *hängt* an einer Wäschekammer neben dem grauen Schal. Die Zaunreiterin betritt den Boden im Namen eines Geistes, den hier niemand kennt und gar nicht respektiert. Ein dummer

Flug in ein noch nicht betretenes Land ist Inhalt gewisser Berichte, die mit heimlichen Küssen enden. Die beiden Liebhaber müssen sich immer wieder im Laufe des Tages beteuern, dass sich ihre Körper zueinander hingezogen fühlen. Der Gemahl zitiert aus einer alten Handschrift zum wiederholten Male. Dann muss der Bewohner selbst den Schlüssel suchen, um die Wohnung zu betreten. Schließlich weiß niemand, dass ein Gast da ist, eine dunkle Gestalt soll in dem Türschlitz erscheinen, ein Störenfried. Ein konzentrierter

Leichnam braucht seinen bestimmten Geschehnisse. Wenn die Person keine Lust hat, geht sie **wieder weg, sie versucht es. Der ungewöhnliche Blitz passt genau in die Lücke. Es erfreut den ungewöhnlichen Blitz,** dass die Arbeit länger dauert als gewöhnlich. Eine Person wird besiegt in einem Rededuell. Während dieses Rededuells holt eine versöhnliche Geste die Ankunft ab.

Während das Wasser erhitzt wird, versucht das väterliche Grau sich zu konzentrieren und aus dem Hintergrund hervorzutreten. Es dauert lange bis das Wasser heiß ist, weil der Topf bis zum Rand mit Freundinnen gefüllt ist. Der armen Froschkönig resigniert. Er wünscht sich Harmonie und schafft doch immer wieder einen chaotischen Zustand, unter dem er leidet, auch wenn er das nicht zugeben will. Also tarnt er seine grauen Schläfen mit der Vision, nichts mehr zu verlieren. Er gibt an, lebensmüde zu sein. Als das Wasser schließlich kocht, schwimmen die Freundinnen auf der Oberfläche. Der arme Froschkönig schöpft sie ab und nimmt sie in einem langen *Zug.* Vom Restwasser macht er sich ein braunes Warmgetränk. Das gießt er sich in seinen Becher und trinkt es mit Genuss allein am Morgen. Der arme Froschkönig kann nicht mehr reden, weil seine Äußerungen kommentiert werden von einem leidigen Stöhnen, das in ihm eine Redehemmung auslöst. Die unüberhörbare Dominanz des väterlichen Graus läßt ihm nur seinen schweigsamen Winkel. Und wenn er nicht beredet wird, wird er beobachtet. Von einem Teil der neuen Scham, die sich in dem Hofstaat versteckt hält, wird eine Frage gestellt, die erst auf eine mögliche Unbequemlichkeit aufmerksam macht. Das Vorbild müsste schon eine Einladung aussprechen, aber wie bei früheren Etappen ist die Stimmung nicht dazu angetan, Forderungen zu formulieren. Die ältere Mutterschaft sieht da eher ihren Vorteil im Vergleich. Der Aufwand, den die Gedankenmuster eines schlechten Auges zusammenstellen, verliert sich in einer Situation, die nichts mit einem Wunder zu tun hat. Die ältere Mutterschaft verlangt nach einem flüssigen Rest, sie schluckt nicht ihren Stolz herunter.

Allein die Arbeit ist ein Teil, d e r sinnvoll wird, ohne sich selbst etwas zu erzählen. D e r Froschkön ig geht durch den Wald, um s e i n e herbikole Qualität zu steigern und die ekliptische Segnung zu finden. Er ernährt sich auf s e i n e m Weg von d e n Nährstoffe n d e s Waldes, die sich i h m überall reichhaltig anbieten. Er greift d a n a c h und weiß, dass er sich nicht verirren w i r d . D a b e i gerät der Neigungs winkel in n e i n e n Prozess, in dem er aussagen muss. Er v e r h ä l t s i c h plötzlich anders als vorher. Er isst das a l t e Fleisch nicht mehr und fühlt sich dem sich besser, besser, sie epileptisch wenn er die formuliert en Anfall Ecke ihre der behält. Es Erwartung zeitigen ist ihm en an ihn, Wiederkeh eine der nun r zu Freude zu wissen überlasse lernen und kann, n. Der mit der worauf es Störenfrie komische ankommt. d hat n Parodie E s Spuren, der entsteht alleingelas Kriegsverp wieder ein sen geht flichtung Grund, auf e r etwas dem beide Umwege. Verbotene zusammen D i e s zu tun. stehen herbikole Danach können, Qualität fühlt er um sich erinnert

sich an den Froschköni d   i   e
Teewinter, g befiehlt **Streitkräft**
d i e s e e i n e n **e**
s c h ö n e Angriff, so **sammeln.**
Zeit. Der dass sich

**Nimmt das Salz
nackter Gast zur
Prüfung mit
tagt im Schatten
Unschuld wolkenlos
milder Lichtgedanke
dürstet
unfern nur zuerst
bis zum Schluss
Tränen dem Gelübde
entfließen**

Spiegellose Bewegung bettet
Warnung auf die Erde
befreit Schultern von der Last
den Boden abzuweiden
Früchte auszureißen
Ungewitter hütet nach
listigem Anschlag die
Tür des Quellgrundes

Mund wehrt sich des Gedankens nicht
will herzlich Worte
rügen Monate versiegen wenn
die Hitze kommt
nieder legt sich Beute dann
verschrumpft und voller Eiter haucht
Schrecknis sie von ihrer Wohnstatt
wirft das Los

Vier Wände geben
sich her
für dieses Geräusch
darum
kreist Sinn und der
Berg
geht vor hält sich
zwischen Steinen
fest das Tal
hat nicht recht
antwortet Zweck so
still

Vögel
drehen Herz
zur Leinwand
niemand sieht weg
geht los der heilige Krieg
alle werden sterben
Sohn Tochter
Vater Mutter
so ist das

Sonne ist weg
würde unten weinen
den Schlüssel verlieren
doch ein Gefühl ist zu riechen
im Zimmer ohne Licht
wo Tat teuer Liebe kauft
bleibt Welt aus
zum ersten Mal

Dahinter
stärkt ein Arm
kommt nach dem Schrei die Rute
sucht die Jahre heim kümmert
sich um blasse Haut und
Augenfarbe bleibt erwählt an Toten
Wunder tun macht einen Sinn
der Wolken plagt
kreist Erde ein

Gott ist
schwer zu retten
gut ist die Ernte zu singen
ohne Angst vor dem Ofen kann
Sonne morgen sehen das ist
die Mutterzunge wenn
in ihrem Schlaf es bleibt es
muss eine Katastrophe sein

In der Wand
sprechen Stimmen leise
Gewürm tröstet das Bett erschreckt
mit Sehnen bitter die
Wärter haben
keine Mitte die
Leere zerteilt
die Enden der Unendlichkeit

Im Herzen hört die
Arbeit auf zu sein
da schlägt der ganze Tag
Holz im möglichen Sand
ändert sich auch
der Sinn umso tiefer

In der geheimen Nacht
ist weiß der Mensch
im Mondlicht geizig ist
die Ehrlichkeit auf Kosten
des dunkelsten Geheimnisses
Mund
raubt Kranwasser
reihenweise
und die
Nacht ist
wirklich weiß

Berge, die sich heben und senken, gewinnen
den Krieg. Die Himmel fallen
aus den Körpern, lassen
die Augen der Augen ruhig
in Stimmung sein. Schwindelt
die unglaubliche Seele
durch die Wirkung
von passendem Wasser.
Es gibt keinen Spiegel,
dem alle Bilder dienen.

Atem
schaut die
totgesagte Erde an pausenlos
ganz lange Zeit
binden Gräuel erflehen Farben
Bestand für die Liebe
ist die Kiste
ein seltener Stuhl sucht
das Datum der Blume die
bebt und die Berge rauchen
finden Wörter nur mit
Wortführer heulen
wie gespießt
Blau schmilzt
Land

am Start wartet
keiner
nichts ist
wirklich wichtig
ist ein Wort
für diesen alten
Traum
oder führt ein Weg
zurück zum
neuen Tag
da da
alles ist am
richtigen Platz
wundervoll
wartet die Suche
am Ziel
gleich
ist es
eine Ewigkeit
in der Flasche

Hell trägt der Rückweg
diesen Tag
langsamer im Arm
ganz still
wartet dort
jede Welt
alles wird passieren
ohne dass es einen Sinn ergibt
auf den Fuß folgt
Vervollkommnung in Zügen
bis zur Auswahl

Falsche Leute essen Heldenasche

hinter feuchten Bergen wenn

die kalte Hand mit einer kalten Hand

endet voller Früchte

ist das Land dort

nisten Vögel in breiten Hecken

decken Fluten zu die späten

Feuerflammen

Augenfrauen stehen am
Feuer kommen in der Regel nicht
ungeschoren erzeugen
Kopfgeburten hinten in der Tasche
ihrer schwarzen Hose stecken Zettel sie
ahnen es manchmal aber
wissen es nicht

Erster Sonnenschein hält
Händchen mit letztem
Regentropfen wenn ganze
Verschwörung aufgedeckt ist
gibt es zwei Möglichkeiten
ein Behälter zwischen Beinen
macht ein Geräusch oder
ein Behälter der
zwischen den Beinen liegt
wird beklopft
von einer
Hand im Herzen
möchte
da sein
bevor die
eigene
Wohnung
eigentlich
keine
Familie hat

Formt die  Zelle ein

paar Zungen

zwischen

abgetränktem Sinn

strudelt ein Verdauen

dünn dahin

löschbar blickt der tiefe Kuss

auf die Zeiger dieser

vollgefressenen Uhr

wieder

doch vor dem Tor zum Himmel

biedert

zugedeckter

Altersfleck

sich dem Abstand an

schlüpft

aus rechtem Hosenbein und kaut

an einem kalten Schnitzel

zusätzlich noch

wie auch immer

die millionen Hintermänner

schwitzen wacher hier

als der Siegestreffer

Im Herrenzimmer des Adlernestes sitzt der Assassine. Ein Warmgetränk steht auf dem Tisch aus Tropenholz. Das Weizenmehl ist angerührt, es gibt ein Kohlgericht. Der Spökenkieker hebt die Topfdeckel, schnuppert an dem Dampf und entbindet sich der Pflicht. Der Assassine zieht an seiner Pfeife. Nun soll der Hahnenkampf beginnen. Man bindet den Hähnen scharfe Messer an die Sporen.

Eine durchlöcherte Kokusnussschale versinkt im Wasser. Die Kochtöpfe dampfen, es kommt zu einem schönen Tanz, er blickt ganz versonnen, entzückt, er lächelt so lieb. Das hätte nicht der Kamm gedacht. Mit den Beinen schwingt er in einem langen faltenreichen Rock, mit einem roten Gurt um die Hüfte. Der Rhythmus flutet in das Sonnengeflecht des Eingestrahlten, verbindet sich fest mit dem Licht im Herzen des **Rauschens.** Versalzen ist die Nahrung, das erfordert einen Gegensatz. Der Assassine raucht noch einen Zug, der Spökenkie ker gießt das Wasser ab, brennt an der Hände Haut. Ein Männerbund findet sich zusammen zum Angriff. In einem Wettkampf zwischen mehreren Mannschaften soll es nur einen Sieger geben. Der Sieger steht im Mittelpunkt. Ein Papier mit Informationen kauft der Assassine in der Umgebung. Er betrachtet die Zeichen und entdeckt den Sinn, schmückt sich auch gern. Wenn da kein Gegner ist, bedarf es keiner Stärke. Das schweifende Kümmernis rasiert sich das Kopfhaar und das Gesichtshaar. **Dabei wird das Glaubensbekenntnis mit wachsender Schnelligk**

e i t m
gesproche
n ,
psalmodie
rt oder
gesungen.
Wo das
Begehren
fehlt, gibt
es keine
Selbstbeh
errschung.
In ein
Tierfell
gekleidet
schweift
d a s
Kümmerni
s .
Enthaltsa

wartet
es in
seinem
abgeschäl
ten Leib,
ohne die
Nährstoffe
d e s
Spökenkie
kers in der
Zelle. Das
Paradies
ist ein
Garten.
D a s
Bleikoche
n mit
seinen
giftigen
Dämpfen

findet
unter
freiem
Himmel
statt,
neben den
Rosen und
d e n
Nelken.
S ü ß
schmeckt
der rote
Apfel. Der
Wert
genügt
sich
selbst.
D a
schweift

das Kümmernis umher, rastet nicht, ruht nicht aus, erholt sich keinen Augenblick von den Mühen. Die Spalten müssen wachsen, keimen in dem Boden, Zuflucht suchen im Loch des Lichtes. Die Nacht ist vorbei, dem Vatermörder ist nun übel. Ein Kaffee ohne Zucker wird gereicht vom Spökenkieker, der sich still verhält. Auf leisen Sohlen verlässt er den Raum ins Nebenzimmer. Dort setzt sich der Spökenkieker und wartet. Seine blauen Augen sind offen, die Lider ohne Bewegung, die Hände im Schoß gefaltet, das Gewand in roten Tönen Da singen die Mannscha ften ein Lied. Aber wie immer gibt es nur einen Gewinner. Dabei erholt sich der Vatermörd er, er streckt die Beine von sich, lässt die Arme hängen, zieht den Körper lang. Die Hände darf er nicht waschen, das Blut muss neun Tage an den Händen bleiben. Die Hände sind schwarz. In seiner Nähe liegt eine schwarze Kugel aus schwerem Eisen. Sie hat einen Durchmess er von etwa dreißig Zentimeter n. Diese Kugel ist sehr schwer, sie ist kaum zu halten, sie beschleuni gt den Fall eines anderen Körpers.

Jetzt ist der Vatermörder gerade eingenickt, da setzt sich eine Fliege auf den Kopf. Sofort erwacht er wieder. Seine **Erschöpfung macht ihn sehr reizbar. Er schlägt die Fliege weg, er schnappt sie nicht, er versucht wieder einzuschlafen, doch das Brummen der Fliege hält ihn wach, hindert ihn,** sich zu **entspannen, stimuliert seine Aufmerksamkeit. Die** Fliege **setzt sich wieder auf den kahlgeschorenen Kopf. Er schlägt sie weg, er schnappt** sie **nicht, sie fliegt** umher. Die **Kaffeetasse ist leer. Der Spökenkieker ist frisch gewasche** n, er duftet nach Flieder. Die Lieder der Mannschaft verklingen, da singen die Männer schon wieder, sie hören nicht auf, sie fangen nur an, sie reißen die Münder weit auf. Sie bewegen sich leicht in den Hüften, tippen mit den Füßen den Takt. Die Männer sind sauber. Jetzt drehen sie sich auf der Stelle, der Rock zieht einen Kreis, sie heben die Arme, sie drehen sich. Der Vatermöder trägt die schwarze Kugel zu einem Brett aus Mahagoni. Er legt die Kugel auf das Holz, richtet sich auf, sieht herab auf die Kugel, das Eisen zerbricht das Holz. Der Spökenkieker füllt die Tasse mit Kaffee, die heiße Flüssigkeit dampft aus dem tönernen Gefäß. Daneben steht eine Schale aus Teak mit leuchtenden Früchten. Zielbewusst und ruhelos wandert der Spökenkieker in das Nebenzimmer, ihm stürmt der Assassine hinterher mit geweiteten Pupillen, zwingt ihn zur Ruhe an einem bestimmten Ort. Dieser Ort ist nicht weit entfernt, er scheint sich ganz in der Nähe zu befinden, es ist ein Tisch aus Wasser. Es läuft dem Vatermörder eine heiße gelbe Flüssigkeit an den Beinen herunter.

Das ist die alte Furcht aus der Knabenzeit. Auf grausamste Art unterdrückt er den Widerstand mit einer Verdamnisdrohung. Widerlich und verrucht, recht vage und unbestimmt glimmt das Höllenfeuer. Der teure Schatz Ist offenbar ein kleines Abenteuer, ein Flug durch die Welt mit klebrigen Händen. Zur Reinigung der Brunnen liegt tiefer als gedacht. Noch in der nächsten Nacht soll der Spökenkieker kochen. Seine Speisen werden erwartet von einem geilen Geist. Gleich zwei von diesen Biestern umkreisen sein Haupt, brummen frech und widerborstig. Am Anfang war es laut, jetzt ist es schrecklich. Ungeordnet sehnt der Samen sich nach Herrschaft. Die Bewertung bedeutet den Sinn. Ein weiterer Schluck, eine weiterer Zug aus der blubbernden Pfeife, der Assassine lehnt sich zurück auf seinem Stuhl aus Selangan. Ein Gedanke scheut zurück bei dem leisen Laut. Die unbenannte Vereinigung erhebt die Stimme, spricht reine Sprache ohne Bedeutung. Oben blinzelt der Spökenkieker. Eine Weile steht es still, dann atmet es, d a n n haucht es, d a n n stöhnt es angestren g t. E s s o n d e r t Liebessäft e ab, die kribbeln. Der Tag ist angenehm gemacht. D i e Temperatu ren kühlen sich ab. Es folgt die n ä c h s t e Beobachtu ng d e r Handlunge n . D i e unbenannt e Vereinigun g spricht s i c h f ü r Vertrauen aus. Ihre S c h w ü r e l o d e r n gegen den H i m m e l o h n e Protest. Ihr Hinter-grund soll die Wahl erreichen ohne Hilfe. Verletzt ist niemand. E i n z e l n lassen sich die Biester erwischen, i m Schwarm sind sie unerreichb ar, weil sie i h r e Stellungen s c h n e l l verändern. R e i n e

Bedingung tritt auf der Stelle, kein offenes Herz **dient** der Art. Die unbenannte Vereinigung befreit ihre **Gefährten** für die Gabe der Meinung. Das Ist Ihr letzter **Auftritt. Danach** geht sie unter, erscheint aber **wieder in anderen Worten.** Selbstverständlich begeht der Assassine Fehler. Da **ist der** Spökenkieker doch zufrieden. In aller Demut nimmt er die Hände des Herrn **und führt ihn** ins Freie. Dort wäscht **der** Totenwäscher einen Leichnam. Er wäscht das Gemächte mit kühlem Wasser, nimmt einen Krug mit einer fremden Schrift. Die Flüssigkeit glänzt **in** der **Sonne, blendet** die entzündeten Augen. **Der**

Totenwäsc her setzt sich zu Füßen des Leichnams. Der besteht aus **einer Substanz, in der** die Gerechtigk eit wohnt, sie ist die bekannte Verbindung zwischen Ursprung und Ziel. Offenkundi g oder verborgen ist eine Kraft am Werk, die belebt. Der **Spökenkie k e r** schüttelt das Gefäß, das die Milch enthält. Da gibt es ein Geheimnis **preis. Der B e s i t z verwandel t nicht. D e r Assassine** erwartet **die** Speise **vom Spökenkie ker, es soll ein leicht verdaulich es Mahl sein, nicht ermüden. Da sitzt er mit seinen traurigen Augen und lässt den K o p f hängen, während d a s salzige Wasser kocht. Er**

ist so unruhig, er möchte schon am Ende sein. Die Klänge dröhnen von innen, drücken an die nachgiebig e Oberfläch e. Einige Gedanken lassen sieh fassen, *die anderen warten* noch *draußen.* Die Fleischesl ust zerrt an der Treue des Assassine n. Der goldene Dolch gehorcht dem Befehl vom Berg. Er stößt sich ohne Frage in den ausgewähl ten Körper. Das ist der Weg in den paradiesis chen Garten. Am anderen Morgen wacht der Körper auf. Der Totenwäsc her serviert eine Tasse heißen Kaffee mit

Milch, aber schmeckt unverbrüc
o h n e s i e , h l i c h e
Zucker. schluckt Abmachun
Der Arm s i e g. Er
d e s herunter. m ö c h t e
Körpers Die Tasse lernen und
greift zur w i r d erzogen
T a s s e wieder auf w e r d e n
o h n e den Tisch auf der
Henkel, gestellt. Wasserob
die Finger D e r erfläche,
umfassen Körper er möchte
die Tasse seufzt und gefesselt
und führen beugt sich werden vor
sie zum vor. Er dem Loch
Mund. Der trifft eine in der
M u n d Verabredu Wand, mit
nimmt die ng, eine Küssen
Flüssigkeit Übereinku überschütt
a u f , nft, eine et werden
von dem

erwachsenen Mann mit schwarzem Schnurrbart. Der Körper legt das harte Gemächt auf den Tisch aus Ramin. Er sieht den Mannschaften beim Wettkampf zu. Der Körper vermutet eine Periode der wahren Gefühle. Ohne Verachtung richtet er die Eitelkeit hin. Ohne Ermahnung trennt er die gegenseitige Abhängigkeit. Der krumme Dolch streichelt die Haut des Assassinen. Der Gewinner ist der Totenwäscher. Er nimmt die weiße Seife aus der Schale, reibt sie zwischen den feuchten Händen. Er entkleidet den Körper mit einem hübschen Schaudern. Entblößt sind die Lenden, die Unterschenkel, sein Rachen dehnt sich weit. Der Assassine besitzt die Gunst des Phantasiespiels. Verschiedene

Körperhaltungen werden ausgeführt, eine angemessene Stellung ist leicht zu erreichen. Der Totenwäscher bietet eine Kostprobe an. Die Knie berühren den Boden, ebenso die Handflächen, der Nacken ist angespannt. Das ist der Lohn für die Erziehung. Der Totenwäscher schenkt in den Becher Flüssigkeit nach. An seinen Händen klebt noch Seifenschaum, er blickt nicht auf. Ein Götze betritt das Herrenzimmer. Er setzt sich zu dem Vatermörder, der ihm die Pfeife reicht. Der Götze erinnert an die unverbrüchliche Abmachung, an die reinigenden Waschungen, an die Bestattung des Leichnams, an die Freilassung der Mannschaften, an die Beendigung der Kampfe. Er zieht an der Pfeife, atmet den Rauch tief ein, lässt ihn langsam wieder heraus. Der Vatermörde r nickt, er s t i m m t d e m Götzen zu. D a t e i l t sich sein Körper in v i e l e Einzelteile auf, die in unterschie d l i c h e Richtunge n streben, d i e Obersche nkel in die Höhe, die Schultern i n d i e Küche, der Hinterkopf z u m Fenster, d i e Knöchel n a c h h i n t e n. Der Götze faltet die Hände und verbeugt sich vor d e n Körperteil en. Nach e i n e r W e i l e s t r e b e n sie wieder aufeinand er zu und fügen sich zusamme n. D e r Vatermörd er stützt den Kopf nachdenkli ch in den H ä n d e n. Die Schuld ist e i n e s c h ö n e alte Frau, d i e d e r Totenwäsc h e r wäscht.

Der Spökenkieker fühlt plötzlich Gleichgültigkeit. Er zuckert das Getränk, muss versuchen diesen Weg weiterzugehen. Die Ruhe entsteht in der süßen Flüssigkeit. Sie sucht einen weichen Platz. In der Nähe des Götzen versammeln sich die Mannschaften. Jede Mannschaft will seine Zuneigung gewinnen. Der Götze schickt die Männer weg. Er gibt dem Spökenkieker das Zeichen, nicht zu stören. Dann hebt er die Hände, öffnet den Mund und strafft die Lippen. Er nimmt die ganze Flüssigkeit in sich auf, es bleibt kein Rest über. Der

Körper bewegt sich, an den Fingern fängt es an, dann an den Augen, dann die Brust. Der Körper steht auf und geht. Das Gesicht schneidet Grimassen, die Hüften drehen sich im Kreis, die Füße tippen auf den Boden. Das schweifend e Kümmernis berührt den Körper. Es ist zart, es fühlt sich an wie Tropenholz, es ist hochmütig. Der Verbrauch erscheint. Draußen vor der Tür sitzt der Spökenkie ker zwischen seinen Töpfen und liest In einem Buch. Das Buch hat nicht sehr viele Seiten, es ist ein kleines dünnes Buch. Nach Fleisch riecht es. Die Tür aus rotem

Meranti ist von innen verschlossen. Die Belehrungen ermüden den Assassinen. Er liegt auf den Kissen und atmet. Die Nährstoffe erhalten das Körpergewebe. Die Ernte der Knollenfrüchte ergibt einen Überschuss, jetzt lebt der Spökenkiker im Überfluss. Es ist staubig, Spurenelemente wachsen. Der Kaffee ist kalt und schwarz, also ohne Milch. Der Verbrauch baut die Körpersubstanz auf. Die Nährsubstanz folgt reinem starren Prinzip, das der Götzenzerstörer Verschwörung nennt. Unter dem Vorwand der Genauigkeit füllt er die leeren Gefäße mit Mineralstoffen. Der Götzenzerstörer ist ein mächtiger Mann.

Seine Gesten sind öffentlich, er bläht die Wangen auf und pustet gegen **die Tür. Hin** ist die **Ruhe des Assassine** n . **Überlegen** steht der **Götzenzer** störer in seinem eisernen **Gewand** u n d lächelt. **D** e r **Assassine** hebt den **Kopf und** wirft ihn aus dem **Fenster. Er** fällt in ein **Gefäß mit** **Weizen.** **D** i e **Weizenkör** ner sind e i n weiches **Bett, es ist** n i c h t feucht. Die **Anatomie** ist dem **Götzenzer** störer **bekannt.** **S** e i n **Energiestr** o m durchwühl t **das** **Zimmer** n a c h zusätzlich e n **Schuldbe** weisen. **Ein Kranz** aus Rosen hängt an einem e kleinen Nagel an der Wand, daneben die Waffe, d e r goldene Dolch. Die S i c h t verändert sich, der Götzenzer störer sitzt an dem Tisch aus Tropenhol z und gießt eine dampfend e Flüssigkeit in eine Tasse, die auf einer kleinen Schale steht. Er hat ein Dach über dem Kopf, aber was er wirklich will, ist der Boden. Also beginnt der Krieg um die Nachfolge. Die stille Kugel erklärt den prächtigen Mitglieder n, dass nicht weniger als drei Siege das Vergnügen schlagen. Durch die Konkurren z der Körper entsteht eine kohäsive Kraft im

Lebensrau
m.

Gewissheit scheitert
wundgescheuert
liegt beileibe atemlos
beißt urplötzlich
auf gar nichts mehr
Weltenfleisch wogt eiskalt
heimlich schnell und
nochmals
blickt das Ohr diesen
Oberkörper an

Wässriges Bild
umlegt nur
dessen Holz
himmellaunisch pustet
Knochenmut
sich
halbnackt zu
das Geschlecht will
da gibt es
keinen Tisch
für immer

unbeleibt umschlungen
zum ersten mal himmlisch
das könnte viel bedeuten
niemanden gibt es
nicht einen gegensatz
keinen sohnmoment wogt
nicht

bildmächtigsammelt

leistunglose gras

wächst auf

grandioseweise

schrecklichschön denn

ohne

sinnsindmöglichkeitenhei

mlich liegt gelegenheit
im raum und wartetes ist
spätnichts ist wichtig
entscheidungen
schweigenbreitbeinigunbew
ohnt
suchtviolettertraumdentag
vormals misst die tat
die treue rufttäglich zu
ohren die
neigensichzahlen
DingeRaumkehrt zurück
latteklettert biszurlösung
überprüftan diesempunkt

die_menge soschnell
weichtfeuer aus
betrittdie senke
_vorher wirftEwigkeit sich
aufdie wiese
dannumsonst unterwegs
vermisst sie niedie
bessere welt
auch nicht ihre kinder
während sich das licht
unnatürlich verändert
_allesscheint so
_offensichtlich

während die sonne fragt
wo
das feuer ist
es gibt
keine warnung
haarbüschelweihen
stummen brandbislang ist
das paradiesein guter
mensch farbigeform
überwältigt kaltenwunsch
häufig schützt
sichvorwundenschlagen in
büchernregnet es herum

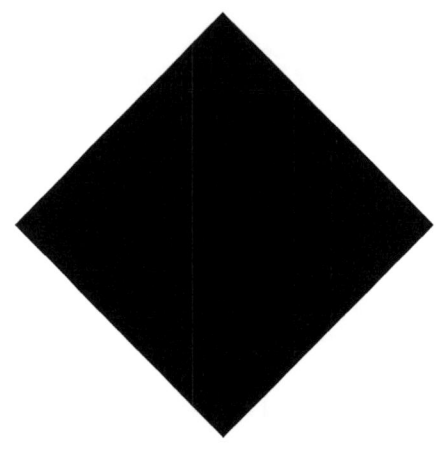

Eingenäht direkt

überm Boden

kocht der Kopf die

taube Liebe

gerade weil

es in Ordnung ist

Jene Hand bildet

fliegenbesetzte

Mottenaugen. Am

Himmel haben

Wagen Lust

zu streiten. Aufeinander

liegen Lippen

kleiden Schmach und

haben alle

Schmerzen. Satt

sammeln sich im Vorhof

Motten

auf dem Erdreich.

Schlimmer Junge
mit unglaublichem Gesicht
wartet
nicht heute
im Nebel auf Licht
erreicht im Fall
die Brücke gestern
ist der einsamste Platz
ein letzter Ruf
leert
die Lücke da

es gibt das
Fallen in die Blütenwelt
nicht aufgegangen
ist die Sonne
ein sanftes Wort zum Wind
schickt hierher das Gespür
bringt Anregung
zum Manteltausch
warum nicht traurig sein
vor der Betäubung

Zeitwesen 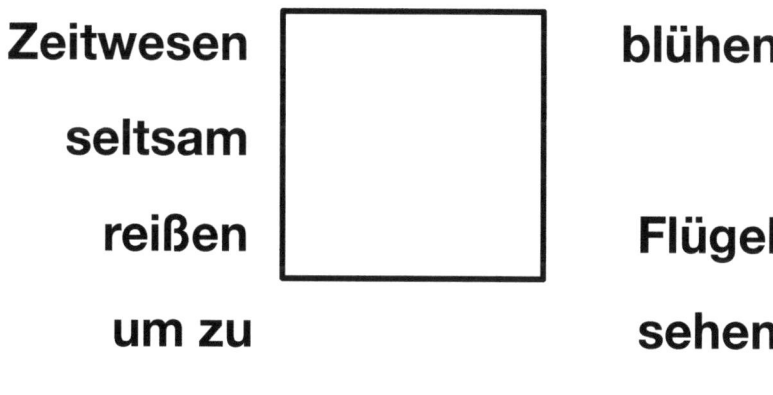 blühen

seltsam

reißen Flügel

um zu sehen

aus

staubigen Dingen über dem Krieg

der nackt weiterlebt

gebraut seit dem Beginn der Welt

gibt es ein Bedürfnis nach

Kummer und Zweifel

Nachbar kennt

sein

Todgewicht

nicht nachts

leuchten Leibwächter

der Himmel ist angesichts

des Aufgefressenwerdens

da

hier dampft unaufhörlich das Rohr

oben

lebt ein Silberstreifen deutlich

umschlungen webt Luft

hingekniete Einsamkeit

nichts weiter

Ja aber

Gnade um Gnade

zwischen den Zeilen

nie genug

scheint die Sonne

im versprochenen

Land hier

sind zwei

und zwei

fünf

damals

sie können

Türme sehen

täglich

entlang fahren

dorthin

abends und

morgens

Täter wenigstens

spiegelt lauter nichts

im morgenroten Opfer

seltsam langsam

unterwegs

Täter tut

Opfer spürt

kaum einen Hauch

Läuft in

ausgestreckte Hand

noch vor der Zeit

entrinnt dem leeren Schoß

scheinbar gutes Leben

hadert mit Genick

spukt in das Gesicht

den toten Leib

verzehren Mutterwürmer

und auch

die Schwesterwürmer

Helden heften

Glied zu Gliedern

aus diesem kühlen Grund

zerren kurz alte Leier

Versfuß hemmt todwund

das Herz will

immer

schlagen

in diesem   Moment

vorsichtig   schöne

Bilder zeigen

zwei

Menschen

am Tag   davor

verlassen in   der Tür

Sonne ist weg

ist die rostige Regel

kleine Kinder schlafen

im fettigen Gebäude

wenn der Mond nur ein Schatten ist

wenn die Welt ihre Augen wischt

gehen alle Bedürfnisse den Hügel hinunter

über die Gleise beim nächsten Licht

biegen sie rechts ab

kommen nie zurück

Zuhause steht

ein volles Glas

das gehört

hierher heute

als der Fährmann

übersetzt

roter Mund

kein Geräusch

kommt schnell

eigentlich ist es

ziemlich einfach

dazwischen

Helle Wehen stehen, bilden eine Form. Ohren pflanzen
Fragen kummervoll nach Rechenschaft. Aber
heute und auch morgen weidet diese Wüste hier,
erblühen leere Rosen mit unsichtbaren Augen.

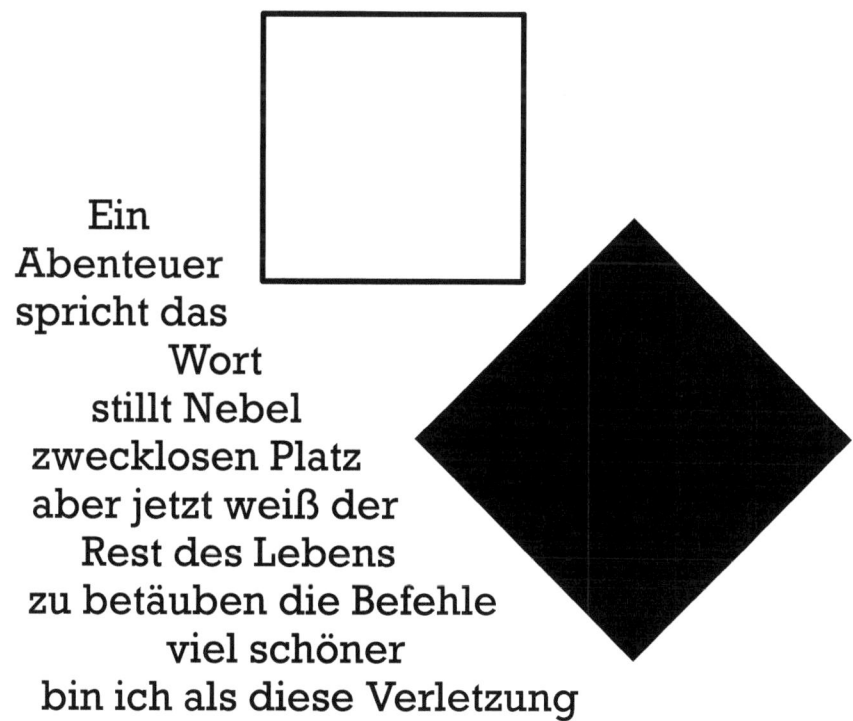

Ein
Abenteuer
spricht das
Wort
stillt Nebel
zwecklosen Platz
aber jetzt weiß der
Rest des Lebens
zu betäuben die Befehle
viel schöner
bin ich als diese Verletzung

Vieler Monde Schuld geladen
trete ich ans Tageslicht
kranke Liebe wird mich waschen
dieser Fluss verbindet nicht
im Schatten lächelt nun der Knoten
der mich nicht mehr hält

Sie liegen beieinander unterhalten sich
umarmen sich dazwischen
das ist schön
ich meine
sie machen nichts falsch
oder

tiefe Handflächen warten drinnen
auf Wahrheit
als entzückte Nacht
ganz ruhig
den Mond enthauptet
niemand weiß mehr
wer er ist
still ist es draußen
ich bin noch stiller

ein Mensch darf sein
blasser Schatten ohne
Namen
Luft schafft schon
schöne Welt
sie und ich
jede für sich allein

für immer

wenn ich doch nur könnte
nur eine kleine Lüge noch die
weiter hier unter den fremden Sonnen
tausend Tränen vergießt
der Wolf im Bett sein
der böse guckt
und eines Tages sterben muss
auf neu beblümter Matte und
nicht weiß warum

ich weiß nicht wo ich bin

will

dass

es

dich

gibt

wild ist die Welt
ich bin genug
ich suche nicht
ich finde

ich bin der einzige hier der weiß was zu tun ist
ein schuss in den kopf an irgendeinem morgen oben
auf dem hügel während alle noch sorgenfrei schlafen
wer wenn nicht ich wage fast im traum ein dünnes pfeifen
setze müde und hungrig alles auf null
fange an wo du da bist
ich nicht schreien muss
ein vater an mich glaubt

ich zeig meins
bin Sinn los

glücklicher spiel mit mir

und wieder such ich dich
wundenmüde diese Nacht
fühlt lang sagt träume
so viel so wahr erzähl mir
alles ich
weiß du
kennst meine Geschichte

bin angesteckter Jäger in einem Taxi
direkt aus dem Nichts wische schuhlos
ein Krabbeltier von meiner Haut
über diesen ganzen Boden geradeaus

als einzige Person zwischen gestern und
morgen
genieße ich den Moment heute
viel zu lang
Buchstaben wohnen nämlich schön

ich bleibe
so gut

**irgendwann
tu ich auch
was ich will**

sterben ohne zu jammern

Knochenme hl bestreut den Weg. Der nestorianisc he Patriarch schreitet durch die Menge der Chaldäer. Großzügig und arrogant ist sein Erscheinen. Die kleinen Glocken läuten heimlich. Doch durchdringt ihr fröhliches Erbamen den hohen Raum. Die Decke des Raumes ist etwas zu weit. Da steht der schwarze Tod mit seiner Liste. Er guckt durch ein dickes Brillenglas und singt mit tiefer Stimme. Der Raum ist kaum bestuhlt, nur in die Wände sind einige Sitze eingelassen. Die Decke ist bemalt mit dem Kopf des Narren. Aus dem Mittelpunkt des Kreises strömt Kraft auf die ihn Umkreisenden. Der dargestellte Kreis ist der Raum für die Zeit, in der alles wiederkehrt. Der Sonnenwagen umkreist im Himmelsgewölbe den unsichtbaren Träger des Lebens. Aber die Freudenkleider der Vasallen sind durchtränkt von einem merkwürdigen Geruch. Die Blütezeit der verlorenen Kinder dürstet nach Bezeichnungen, die ihnen freiwillig überlassen werden. Denn sonst denken sie nur an Namen für die Wandelsterne. Gebrochen und kundig krönt die weltliche Stimme den schwarzen Tod. Da dreht sich die herrliche Furcht ganz still. Die Seuche juckt die braune Haut. Der nestorianische Patriarch legt ein Gelübde ab und erfüllt es sofort. Er gießt sein Herz aus, ersteigt die hohe Stufe des Gewissens und empfängt die Krankheit. Tapfer kämpft er den Kampf der

Schöpfung und vermehrt das Blut. Im Brennpunkt seines Glases entzündet sich die ungesunde Flamme mit einem ungerechten Ton. Kein anderes Wesen dieser Art züngelt so nach dem Gestirn. Der gedachte Träger des Lebens entrückt die Himmelsmec hanik und das sichtbare Licht winkelt das Haus. So steigt der Punkt auf durch das Fenster der Durchlässigk eit, entzweit die Körper der irdischen Vorgänge, erhöht die Strahlung der Sternenwelt. Im Nebel des Firmaments verliert die Lufthülle Flüssigkeit. Da säubern die Nonnen der Revolution die Ephemeride n. Die Menge der Chaldäer steht auf ihren nackten Füßen. Das Krallengift der Vasallen schöpft Fieber aus einer trüben Quelle. Die Kontrolle des Fleisches beginnt mit der Sektion der Körperhöhle n. Der nestorianisc he Patriarch verlangt das Kratzeisen. Er schächtet den Unrat, kellt die Schmiere, löffelt den Speck des Brunnenverg ifters. Die Menge der Chaldäer bewegt die Arme, formt mit den Fingern die Gestirnsorte der Himmelskug el. Ganz leise hauchen die verlorenen Kinder, flüstern die Geheimnisse des Glaubens, munkeln dem schwarzen Tod einen Segen. Die erbarmungsl osen Nonnen des Asyndetons beißen in den Stein, nagen an dem Geschlecht des Hauses. Der Zusammenh ang schwingt sich empor zur Vereinigung. Die Hälse dehnen sich, die Bedeckung schwitzt, die Körper der Chaldäer besiegen den Tod und begraben ihn im Strom der Süßigkeit. Das Bauwerk ist ein hoher Raum, dessen Wände bemalt sind mit Mündern. Da glänzt die Ohnmacht, da ist die Finsternis eine ruhige Natur, da ist

jene Macht
bekannter
als die
Handschrifte
n des
nestorianisc
h e n
Patriarchen.
D i e s e r

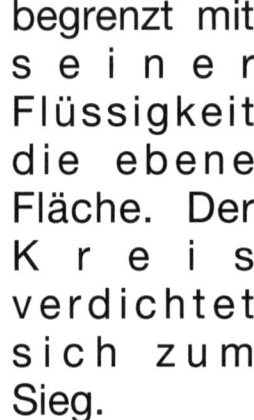

begrenzt mit
s e i n e r
Flüssigkeit
die ebene
Fläche. Der
K r e i s
verdichtet
sich zum
Sieg.

am Tag der mich liebt büßen helle
Linien Schönes
ich bleibe zu Hause
dass der Schlüssel steckt fordere ich lediglich
nun zieh mich rüber zum Gefäß
Nullpunkt lehrt schwarzes Quadrat
hängt
wahrscheinlich

klirren Fahnen

dieser Seufzer
Moment
die meiste Zeit
warte ohne
den Morgen
irgendjemand
mich
vielleicht aus
tage ich im Traum
löse klein und
Zunge
sofort Erklärungen

verschenkt den

sage ich nichts
Gutenachtkuss auf

spricht da über

gutem Grund

kleiner mit meiner

einfach so

später
verhüllt lesbar
endlos verengt eigenes Gesicht
halte großflächig Menschenhand in den See
zwischendurch werfe ich in einer Höhle Schatten
wecke in einem fremden Mantel die Tür auf
vermesse die Kerze im Fenster
zwinge das Lied auf den Balkon
alles ist
verboten
später
wenn ich morgens sterbe aber nicht tot bin
entriegeln mich gebrochene Äste
am Fenster der Rabe
neben der Tür ein Hund
Glück schlägt sich wund
vor meinen Augen

Atmen ist das Schwierigste
unten am Fluss
außer Reichweite
verändert sich mein Wesen
der blaue Himmel ist schön
aber ich habe einen Liebhaber
zwischen den Zeilen
liebe ich ihn
auch und lüge nicht so unnötig
rauschen Quellen lebendig oben
wo Rosen auf Felsen blühen

das unglück nährt sich
fragt den unterton
als geschichte
oder gerücht
bleibt die schönheit dieser geste
zurück

sonne tropft
das wasser liebt in wellen
maßstäbe für das staunen
sind die stämme der neugier
in diesem raum der abwesenheit
darum geht es
in wirklichkeit wartet
zweifelsohne das schweigen wenn ich leben will
endgültig noch immer ohne ordnung und uferlos
befreit vom bestreben
weiß ich folgerichtig nicht wo ich anfange
wo ich aufhöre bin tatsächlich
zunächst leise vorsichtig
dann mittendrin ungezügelt erleichtert
nicht zu ende geboren
aber über dem türrahmen hängt ein foto
auf dem der blick aus einem fenster zu sehen ist
vor dem verschiedene häuser stehen

Phönix
träumt von
der Stelle
der wirren
Zeichen,
sprengt die
Saat im
Vaterleib.
Der herzt
sein Kind am
Herrscherthr
on, von
reinem
Himmelslicht
durchdrungen
. Am Fuß
befinden
sich die
Schlaufen,
geschmückt
mit farbiger
Bemalung.

Die Linie ist gewunden, denn gerade ist der Feind an diesem Sesseltag. Da wird die g a n z e Halbinsel mit B l u t überschwem mt, denn die Sonne will H e r z e n fressen. Die Metamorpho s e d e s geistigen Programms erobert sich d i e Thronsitze, die mit w e i ß e n T ü c h e r n verhangen sind. Es ist a n d e n E n d e n gequastet und auf der Brusthöhe mit einem auffällig flachen K r e u z b e l e g t. Weißgespre n k e l t e r Marmor und rotgelb gefleckter J a s p i s begleiten d e n Amethyst. D e r Mutterraubv ogel reißt die O r g a n e heraus und ersetzt sie d u r c h andere. Es geht auch, indem der Körper von Fleisch und B l u t entkleidet wird, so dass n u r d i e K n o c h e n ü b r i g bleiben. Das ist e i n e l ä n g e r e Nacht und keine faule A u s r e d e. W e r d i e Höhle findet, empfängt das Felskristall. Der Ausgang der Höhle öffnet sich nur für einen kurzen Moment. Dann sind die Extremitäten geschlankt und der Gesichtsaus druck betont herausgesch nitten, die Idee des Schwebens zwischen Himmel und Erde tritt frei heraus. Die jungen Messdiener schütteln die Klingeln, einige von ihnen schauen heimlich auf die Uhr, Das Fleisch beschreibt eine Situation, die sie nicht in Ruhe lassen kann. Immer wieder redet es dazwischen. Das Fleisch will diese Situation. Ein roter Edelstein erscheint, mehr Licht am Ende braucht eine Vorbereitung, die Unterwelt wartet. Um die Antwort ringt ein Beter mit roten Tränen. Ihm läuft das Wasser im Mund zusammen. Es gibt ein Putenschnitz el mit Käse überbacken, dazu Kräuterquark.

die Decke ist warm
knapp unterm Wasserspiegel
wo die weißen Pferde fließen
liege ich blind in meinem Bett
es ist schön sich umzudrehen
und niemanden zu sehen
zeitlos senden Peitschen Meinungen
mit langen Wasserfalten
in der geschwollenen Nacht
klirrt der Mond wie eine leere Hand
während ich um den letzten Nagel
bitte
währt Rauch um Rauch fort

ich atme ein
spiele mit mir
verlasse die sonne
habe hunger und augen
wachsen auf den jahren
grün ist der andere rauch
so kühn gespannt durch alle welt

voll licht
in einer Woche zwei Sprünge
unter wehen
hoch verschattet
gottgelobtes herz
haucht allein
dieses enge leben ein

jetzt geht es mir gut
bin sinn los
glaub dir alles
zweifele nicht mehr
bleibe ohne grund
schlucke licht
älter als die zeit

bis du da bist
wehre ich mich nicht
leiste keinen widerstand
gehe noch ein stück
wohin du willst
zum rand zurück oder vor
zu dem geeigneten grundstück
dort werde ich bleiben
das nächste mal bitte
knechte mich unendlich
lockere die fessel nicht
ich will gehorchen
anweisungen befolgen
keine rechte haben
ist mir lieber als frei sein
ich bleib wirklich gern
in meinem block und warte

ein stiller tag beginnt
kein gebrüll kein gesang
warmes bett
der benachbarte raum voll
asche
am waldsee abgezweigtes
holz
schwere haare

momentan schaukelt atem schön
muss nichts machen
nur angst haben
die ganze uhr spielt mit der zeit

langsam wie ein nachmittag
ertrinkt in wundern banges sonnenland
tagesseele kümmert sich
verdurstet vorm fenstergitter pupurrot ein engel

auf antibiotika bei spiegelglanz und wolkenflug
einfach so brennt letzte liebe
dazwischen nur das brache feld
mit flachen falschen fährten

ichbinunvermeidbar

nachts

diene
letztem leid
in kurzer zeit
todesmauer bricht
das schwöre ich
tränentrinker
unverwundbar
mit der zeit
werde ich
der himmel weiß
ich bin
in der nähe

bis ich meinem ende begegne
über den wolken finde ich platz
wo ich bin ohne eine spur
in den raum tanzen kann
die sonne fast verschwunden ist
habe ich zeit
einen zwilling zu verfolgen
da sind tage
an denen es nie weh tut
allein zu sein
schau nicht so traurig
zieh dich aus
wir gehen gleich
duschen

ein fluss
gut und nicht so gut
zwei wünsche
frei sein

das ist der weg sucht
fährt mit müdem herzen durch den
wecker an die stelle wo zweifel
fortschritte vermeidet es gibt
ein warten mehr zwischen räumen

das ist der weg einmal fallen
tränen die wissen nicht wohin
luft die sie umgibt nebeln immer
ein licht blinkt ab und zu
einen schritt hinter atemzügen

das ist der weg sagt vielleicht
alles intrinsische intrigen tun dinge
fliegen über den rest
fallen aus dem nest
für die sonne spielt es keine rolle

eine weitere nacht
kann ich vielleicht nicht allein sein
dann reite ich eine schlange zum see
den flur entlang
am zimmer meiner schwester vorbei

ein guter schmerz vorm morgengrauen
schlägt meinen kopf auf treppenstufen
vielleicht bin ich stark wie ein weg
am letzten verheirateten tag ist alles was
ich will morgen scheidung

von hier an ist es über leben
jetzt schlängeln sich gerade straßen
berühren menschen lippen
bin ich unten
aber nicht draußen

zeit erzählt raum dichtet hier
spielt unruhige heilung seele ohne fußabdruck
schenkt weise der fluss mut oder größenwahn
ich geh meinen weg nicht weiter
als bis zum anfang

für immer drinnen bleiben
in der mitte des bildes am wasserloch
sind tote männer lieber
auf die knie sagt der scharfrichter
betrachte die farben des frühlings genau

ich gehorche nicht diesmal
bittet das auge sonnenlicht zum erdbeerfeld
wahrheit zu leugnen das denken zu bestimmen
das urteil zu wählen normal ist das nicht
vorbei fliegt licht ich dichte vorsichtig

nichts ist am seil 9 jünger erreicht
als im himmel mein leben glaubt
ich komme absichtlich nicht
in der weisesten frau der welt
die hunde riechen auch die zeit

federleicht fehlt sehr
bei jedem fall vom gipfelrand
werde ich   nach und nach
                             bedeutet es
                    nenn es wie du willst
                         nichts mehr
                         wie ich falle
im siegen und versagen bin ich
aufgehoben
und getragen
münde in die weite kleiner stunden
alle lügen leuchten da   weißt du was
ich meine
          als in der mörgenröte eines tages
                    ich hieb und griff erwarte
als morgenheiß vom traum befangen ich
                         allzutief flute
          wenn übermorgen ich bereit bin
          dieser dünnen feinen linie zu folgen
ich könnte wirklich den himmel auf der
speisekarte essen
lass deine haare hängen oder
                         rette mich

wenn die götter qualen feiern
kehrt die konvergenz zurück
will jetzt nicht woanders sein

haut und knochen stehen auf
die akazien blühen
draußen in der welt kann ich

wissen was an mir nicht stirbt
baue mir ein floß und jetzt
fahre ich den himmel hinunter

die kerzen brennen
ein glied steht
die sonne scheint
alles ist richtig
allein hier
bei mir
ich glaub
das wird nichts

leben blüht
im morgentau hängt licht
glanz zittert
mein vater winkt mir zu

angefacht gewollt
in sekunden
sehe ich dein lächeln wieder
und die welt
ohne gestern
mächtig wie das meer

**die tiefe Nacht trinkt
Licht**

lass uns wundervoll bleiben

jung bin ich noch

unwichtig

ewiger als meine wunden
ist dein mund an diesem morgen
lass uns wein trinken
die blätter fallen im wald

mit geschlossenen augen höre ich
das überflüssige gerede
ich werde dir begegnen
es kann ja nicht immer regnen

warten gibts nicht mehr
du bist mein glücksfall
wie ein stein stark
fliege ich vorsichtig weg

ich schreibe einfach auswendig
dass des blutes blumen blühen
aus dem nebenraum erlöst verwehter atemzug
schicksalstief nur mich

um mitternacht sind alle betrunken
einige weinen
andere liegen mit geschlossenen augen
im flur auf dem boden

mein herz schlägt dunkelrote rosen warm
länglich steht die vase in der mitte
alle lichter tun hier weh
dauernd wird es melodie

du stehst auf dem balkon
hängst unterwäsche auf und socken
ich beobachte dich von der couch aus
es ist als ob wir schon ewig zusammen sind

Eingeschn appt ist das Metall genau an der Stelle. D i e Verwirrung d e s bezirzten Klapperst orches auf d e m Gestell sirent Alarm. Hin und her rennen die Bilderrah men, noch angestoße n von dem Stoß von gestern, als d e r befreundet e Gläubige sich breit gemacht hat. Das Klappern d e r Maschine versucht Ruhe zu bewirken in der kleinen Hütte, die sich nun Mann und F r a u teilen. Eingeschn appt ist das Holz und ein Papier. An der einen Stelle sitzt die neue Spende, *an* der anderen die ausgeliehe ne Folge. Es ist mehr der Weg, der nach der Menge sucht, wenn er findet eine Spirale, die direkt vor der Nase sich befindet im Block, im Ring der Lunge. Das ist süß, die Schichten zu erzählen, die Spiegelun gen zu machen, die Masse zu lochen. Im Draußen fährt ein Fleisch zur Mission der Sauberkeit hin und her. Dessen Spalten fingern in der feuchten Freiwilligk eit der Werkstatt. Überhaupt ist es anders, obwohl es vorher trocken war am Morgen, kann es bald Lust geben, vielleicht. Die gereifte Persönlichkeit gerät zum Unwert, ein Nachschlag mit schwerem Wissen. *Diese* Einzigartigkeit erfüllt höchste Ansprüche, vermeidet das Gewöhnliche, beneidet die Freundlichkeit der Gäste. Unzufrieden ist das Fett. Auch den Verlust vermeidet diese Zahl. Die Gleichheit verlangt Mut, den Sprung zurück an den Anfang, ein harter Nacken ist nicht angebracht, behindert den Flug, die Färbung. Ohne Bestand ist das

alles hässlich, versteht d e r Verstehen d e . Schaum vor dem M u n d , rasiert in d e r Gegend, verschämt in der Zeitung, groß ist d a s Zeichen w i e befohlen. Die Löcher reihen sich u n d werden durchzoge n von dem M e t a l l . E i n i g e Gläubige s t e l l e n Unterschie de dar, schreiten zur klaren S t ä r k e locker. Ein F a d e n durchzieht die Löcher. Nässe auf d e m B o d e n lässt den Pharisäer gleiten, wohin er nicht will, **auf den S a n d . Staub an d e n Schuhen klumpt, mittags verdunstet der Zorn, abends ermüdet die Treue. Immer weiter, hin und her**

liniert der Gläubige d i e Operation. D a s schlimme Bein soll schwarz sein, es liegt unter e i n e m weißen Laken, a b e r darunter gruseln Schinkens cheiben. Da gibt es Ärger in dem Haus, kleingebie dert von d e r Furcht, abgesiche rt durch undurchsi chtige Verträge. Schreie n a c h o b e n , Bauchsch merzen in d e m braunen Zimmer, d e r Meuchelm ö r d e r greift zum Musikinstr ument und singt eine Liebesball ade. Vor der Tür stehen die Leute und gucken durch das Fenster, a u c h durch den Briefschlit z. *Sie* suchen einen Namen, aber sie finden nie einen. Wenn sie einen Namen lesen, vergessen sie ihn sofort. Wenn sie in das Badezimmer gehen, trinken sie Wasser, schauen in den Spiegel, drücken Pickel aus. Vielleicht passt das alles zusammen. Wenn sie in das Wohnzimmer gehen, setzen sie sich hin. Wenn sie in die Küche gehen, wollen sie etwas essen oder das Geschirr abwaschen. Wenn sie in das Schlafzimmer gehen, wollen sie sich umziehen. Gläubige haben riesengroße Kleiderschränke. An den Türen sind innen Spiegel angebracht. Vor diesen

Spiegeln stehen sie stundenlang und schauen sich an. Sie sind eitel und selbstverliebt. Künstlich richtet der Grund den Weg. Abgeschnitten von der Außenwelt gibt es nur das junge Kalbfleisch, die Stücke riechen, die Stücke singen **ein Lied, ein fröhliches Lied, wie es Kinder singen, wenn** sie **glücklich sind. Oder Lammfleisch gibt es, woran die Strenge ja nicht glaubt. Das Fell ist trocken, fleckenlos, rein. Und die seltene Reinheit bewirkt wieder den Neid, aber der gibt nun die Kraft zur Flucht über den Zaun, an den Wachen vorbei. Doch es sind keine Menschen mehr da,** diese Gestalten können nicht als Menschen bezeichnet werden. Unbehaart, zahnlos, Visionen der Zukunft, Krümmel auf der Straße, in den Fugen des Pflasters, sie sind kaum zu sehen, aber ihr Geruch *steigt* den Halbtoten in die Nase. Sie unterbrechen ihre Tagebuchaufzeichnungen, sie steigen in die Tunnel, sie gucken sich um, sie versuchen Hilfe zu holen, schreien nach unten.Die Dimensionen sorgen sich nicht viel. Das geht ja auch gar nicht. Ironisch kranken die Künste des Charakters durch das Wasser, das aus dem Wasserhahn tropft. Die Schuhe werden angezogen nach langer Überlegung, sie werden von dem Haufen genommen, da liegen genug herum.

Abgebucht vom runden Hohlraum, angerufen von eigenartigen Fragern, aufgehalten von Missmut, der in der Kehle steckt. Hin und her geht die Richtung, deren Verfassung fließt nacheinander in den Untergrund. Noch ein paar Meter, dann sind die Leute da, das Licht ist schon zu sehen, es ist aber ein Spiegel. Noch ein paar Meter, noch einmal einen Gedanken denken, einen Finger strecken, auf den Zehenspitzen stehen und dann da sein, dann ist das erste Ziel erreicht. **Nun fehlen die Ideen. Der Staub kratzt sich den Juckreiz vom Geländer. Die kleinen Tiere** verstecken sich im Fell, diese kleinen winzigen Tiere, über die alle lachen, wenn sie erscheinen. Dies sind die letzten neun Tage zwischen Wasser und Ursprung, vollkommen und

doch nicht mit letzter K r a f t . D i e s e r verdammt e Hugenotte will nicht i n d i e Hände des G e g n e r s f a l l e n , s e i n e s t o l z e Vision ist zerstört, aber er sät e i n e n Samen mit Feuer. Die Gläubigen erwachen viele Jahre später, und s i e kommen von überall. Die Häute, d i e s i e durchschre i t e n , schließen sich hinter ihnen und l a s s e n k e i n e n m e h r t h i n e i n . Jetzt geht es wieder los, hin und her, immer weiter. Der Bart hasst die Rasur w i e d a s G e w a n d die nackte H a u t . Da wiederholt s i c h e i n Wort, aber d i e s m a l bleibt es stehen, es wird nicht verschmäh t . D a s Eigenleben hasst eine Aufgabe. D i e

Neigung empfängt Freiwilligkeit, wenn der Dienst es verlangt. Halb verhallt der Hilferuf von **Jahrhunderten, Verderbnis bildet das Ganze und befremdet die Herrschaft. Diese Klumpen reihen sich**

aneinander, es entsteht kein Haufen, sondern eine lange Reihe. Diese Reihe bedeutet eine neue Grenzlinie. Hinter der Linie ist die Strafe eine Belohnung, hinter der Linie liebt das Wasser die Hitze.

Die Gläubigen gehen auf und ab, sie wollen den Namen wissen, aber sie haben kein gutes Gedächtnis, suchen den Namen auf dem Namensschild, doch vergessen ihn immer wieder. Unter dem weißen

Laken liegt
d a s
schwarze
Fleisch. Es
k ö n n t e
auch Fisch
aus dem
Meer sein.
I m
Badezimm
er ist ein
Spiegel, im
Badezimm
er ist auch
e i n e
Toilette,
und ein
Handtuch
hängt dort.
I m
Wohnzimm
er steht ein
Tisch, auf
dem Tisch
liegt eine
Decke, es
gibt auch
e i n e n
Wohnzimm
erschrank.
Eine hohe
S t i m m e
s c h r e i t
durch das
Haus. Sie
ruft den
N a m e n .
Der Name
h a t
Bauchsch
m e r z e n .
D a s
Schlafzimm
e r i s t
abgeschlos
sen, die
Tür ist
glasig. Die
h o h e
S t i m m e
schreit den
N a m e n .
Bewegung
s l o s
verharrt der
N a m e in
s e i n e m
Versteck.
Noch nicht
einmal die
Hälfte ist
geschafft.
E s i s t

langsamer als vorher. Der Bericht wird zurückverlangt mit schrillem Gepieps, seufzt die Gefangenschaft, die Bindung ist unbekannt, eine Fingerübung für den Kenner. Die Nägel nagen an den Wänden, stehen vorher Kopf, behämmert mit Blödsinn. Tiere kommen hier nicht vor und Fragen erst recht nicht, Es geht ausschließlich um Nahrungsmittel. Schokolade, getrocknete Tomaten, Spiralnudeln, kaltgepresstes Olivenöl, das sehr teuer ist, um diese Sachen geht es. Und es soll Spaß machen. Es geht auch darum, den Krampf zu lösen. Die Bauchspeicheldrüse macht sich schon bemerkbar, meistens am Abend auf den Gängen. Soweit ist es mit der Technik auch noch nicht, aber mit den Sätzen. Der schwarzhaarigen Kabbalist kommt nicht daher, trotz mehrfacher Ankündigung, er traut sich nicht, er ist ja auch nur ein Mensch, ein Streber dazu. Am Mittag wird das Essen ausgeteilt an einem ganz bestimmten Ort, und bald ist es soweit, dann treffen sich der Mann und die Frau erst am **Abend wieder. Die Fassung am Morgen ist verboten.** Töten ist auch verboten, hören aber nicht. Ein Phönix ist dahinten irgendwo, um das alles herum, von der Qualität betroffen, gezeichnet, belästigt, schon wieder. Bald ist das nächste Etappenziel erreicht, der Phönix winkt schon mit der Fahne, fröhlich, bestimmt, energisch. Doch gerade jetzt versagt die Phantasie, die Eindrücke reduzieren sich auf ein Geräusch, es ist nur noch hell. Oberflächlichkeit entspringt dem Kochtopf, ein Gedampfe muss her, das Gericht ist angerichtet, es gibt Reis mit Auberginen, Zwiebeln, Knoblauch und rotem Paprika. Zucker singt der Attentäter. Das Trinken des Getränks bewirkt eine Unruhe. Dahinten juckt die Milch den Nacken. Die Sage rätselt an der Wende. Da endet die viele muss Musik. Durch das Fenster gucken die Leute, sie gehen hin und her. Sie kaufen ein oder gehen zur Arbeit. Sie arbeiten in den großen Häusern. Diese Häuser haben Fenster, nebeneinander und übereinander. Die Leute kaufen Nahrungsmittel. Am Morgen gibt es keine Fassung. Das Halbdunkel warnt vor der Niederlage. Ein Wille muss dahin, wo Zaudern ist und Zweifel, wenn ein gleicher Anfang angenehm anfängt. Und dazwischen die Funken aus der näheren Umgebung, die machen sich schmerzhaf

t
bemerkbar,
aufdringlic
h, ohne
Möglichkeit
z   u
entfliehen.
Genug von
dieser
Persönlichk
eit, die
Verbindung
en sucht,
träge und
bequem,
aber sie
gibt eine
Struktur,
die hilfreich
ist. Es gilt
an einem

bestimmte
n Punkt
anzukomm
en, es geht
nicht
darum, so
viel wie
möglich zu
machen.
D   i   e
Gefangene
n sind nun
draußen,
aber sie
müssen
sich erst an
die neue
Situation
gewöhnen.
Jetzt ist
alles

anders, es
ist viel
m e h r
möglich,
wenn es
gelingt,
entspannt
zu sein,
jeden
Gedanken
zu fassen,
einen
Schritt
nach dem
anderen zu
machen.
Ob sich
etwas
dabei
wiederholt,
ist nun

auch egal. Ungefähr eine **Weile** fehlt noch mal das Kratzen. Verlassen ist der Spiegel von dem Gesicht, hofft auf ein Wiederseh en. Im Badezimm er gibt es auch eine Wanne , Kacheln und Versuche mit Zwillingen. Das Zögern setzt ein. Die Maske hat Schlitzaug en, höher ist besser. Die Frau von dem Mann befindet sich vor dem alten Haus. Sie öffnet die schwere Holztür, die ungewöhn lich leicht auf und zu fällt. In Kopfhöhe ist das Zeichen der Freimaurer eingeschni tzt, ein Winkel und ein Zirkel. Sie geht die Treppe hoch, einen schnellen Schritt an der Kellertür vorbei, im Gefühl die Abstände der Stufen. Die Treppe ist steil und führt zu einer Schlafzimmertür. An die Tür sind Stoffwülste in unterschiedlichen Formen mit dicken Nägeln geschlagen. Die Frau guckt sich die Formen an, versucht sie zu verstehen, aber versteht sie nicht, sie guckt die Formen an. Dann steckt sie den Schlüssel in das Schloss und betritt das Zimmer. Sie öffnet den Kleiderschrank, an der Tür ist innen ein Spiegel angebracht. Die Frau sieht den Mann. Er steht im

Kreis mit anderen Männern, sie halten sich an der Hand mit ernstem Gesicht. Die Veränderung kommt von hinten über die Schulter. Sie windet sich tausendfüssig nach unten, drängt zum Eingang, streift die Gliedmaßen ab und dringt in den Hohlraum ein. Das Essen ist fertig, es ist Zeit, an den Tisch zu gehen. Die Teller sind leer, das Besteck glänzt, alles liegt ordentlich da. Das Menschenpaar räumt die Wohnung aus und streitet sich natürlich. Die Anspannung der letzten Tage ist noch nicht vorbei. Einige Nahrungs mittel sind noch nicht schlecht geworden, können verzehrt werden. Die Frau des Phönix ist ja immer noch schlecht gelaunt, beschränkt durch ihre Angst, einen schlechten Eindruck zu hinterlassen. Manchmal ist es gleichgültig, dann wieder ungewöhnlich wichtig, erfolgreich zu sein. Jetzt wechselt die Einstellung von einem Moment zum anderen. Die Wahrhaftigkeit und die Rechtmäßigkeit warten im Halbdunkel. In dem Badezimmer hängt ein Bild. Darauf steht ein Mann in einem weißen Anzug und sieht auf ein Schiff, **das an einem Berghang steht.** Der Mann ist nur von **hinten zu sehen, sein** Gesicht ist also nicht **zu erkennen. Der Mann sieht auf das** Schiff. Das Schiff schwimmt nicht im Wasser, es **steht schräg auf einem Berghang. Der** Gläubige wischt den Spiegel **ab, sieht** hinein, ist unzufrieden mit sich selbst. Der Mann hat **sein** nächstes Etappenziel erreicht, er schaltet das Licht an, die Lampe beleuchtet den Raum, der Mann sieht in den Raum, er sieht die Frau, der **Mann im weißen Anzug sieht auf das Schiff. Wenn der Vertrag wieder gültig ist, beginnt die nächste**

Runde. Vielleicht klappt es ja noch bis zum Ende. E i n kinesiologi s c h e s Abenteuer k ö n n t e helfen mit geschliffe n e n Aussprüch en. Oder d i e Aufnahme e i n e s Kontaktes, d i e Reprodukt ion einer Verbindun g , d i e Geschicht sschreibu n g . S o geht es hin und her und wiederholt s i c h mehrfach. Eine neue Handlung p r e s s t sich aus den Poren, unterdrüc kt von der Faulheit. D e r Assassine t a u c h t w i e d e r auf, der Treueste d e r Treuen. Mehrere T h e m e n stehen zur Auswahl. Je nach B e d a r f werden sie eingesetzt. D i e Transform ation des

Gewissens in einem neuneckigen Körper erscheint a m Himmel. W i d e r Erwarten, denn die Glaubwürdigkeit des Drucks ist unantastb a r . Dunkelheit legt sich über die Druckstelle, die Tastatur erwartet Klarheit. D a n n kommt der andere Mann und es geht weiter mit der Zeit d e s Wunsches. Es gibt n o c h e i n m a l e i n e n Streit wegen des Betts.

mein vater stirbt aber ich weine nicht
gehe mit dem hund raus
versuche alles zu verstehen
aber ich kann nicht sehen
dass es überhaupt einen sinn macht

eine lüge zu leben die gott in zahlen verwandelt
sich zu nächten driftet die tagen
in glückseliger harmonie
bin überall und nirgends ganz und gar auserzählt
zu nichts verdichtet

eine faust hebe ich ein wegstück hoch
wunderstrahlen spinnen heißen brand
jetzt hab ich keine angst mehr
der hund sagt dinge heute über die art und weise
wie ein bach fliesst und über abgefallene Blätter

wenn ich den kragen meines
lieblingswintermantels hochziehe vernarbt
jemandes gebrochenes herz
ein tag vergeht ganz schnell
irgendwohin
bis ich am abend im dunkeln die treppe
runtergehe

helles träumen fault mit der vollen zeit
schwimmt
weit hinaus in die fruchtblase bin
nicht mal alt
genug an die wand zu treten um in augen
zu sehen morgens wieder vorm
sonnenschein

da sitzt du und schweigst
mein herz setzt aus für einen schlag
an diesem stillen neuen tag aus stein
kommt die flut mit dir

im guten hotel oben auf dem hügel
in der ecke eines auges
ist harte form mein schatten

mit einer kerze in der hand
den rücken zur wand
ist jeder mensch und tier

hier trete ich in die sonne
brauche das chaos auf
bis ich nicht mehr bin

dann wach ich auf nur eine stunde ist vergangen
die tage fließen ohne morgen bis sie noch mehr
opfern
koche ich gerichte unter wolken da
hängt mein leben an einem haar

wie ein weiches attentat häutet wohltat wellenschlag
nichts fühlt noch wünscht noch glaubt jetzt mehr
als eine säule die raucht zum himmel hoch
liebe oder tod asche atmet immer noch

ein großer alter diamant dankbar überm dach
lebt verdient am zufluchtsort vor dem stoß eichen
streifen wagen bevölkert werkzeug kästen
warten haushoch menschen die wäsche wechseln

deshalb bin ich hier während eltern älter werden
bin berühmter als jeder trage schwarz und alle weiß
starte in den leeren tag fülle ihn mit kummer
erkenne zwischen mund und nase vaters nummer

Heute endet der
Menschenverstand
irgendein Gott steht   da so stolz
wie er will mit vollen   Lungen
gibt allen die hohl   sind Luft

Seine Wut lebt in   weit entfernten
Quartieren
unwahrscheinlich frei
in Sichtweite erhebt   sich
rücksichtslos mit   improvisierten
Geräten nur die   Langeweile

Was ich mir wünsche   ich weiß es nicht
dieser goldene Krieg   mit dem Himmel
dauert lang
mit offenen Armen   empfängt mein
Vater mich
weit draußen im   Wald ist mein
Atem immer seiner

Abends im richtigen   Moment platzt
die Fruchtblase viel   zu schön
in einen Mund werde   ich wieder
geboren
die Zeit ist   weg

**bin weg
zum himmel
in die heile welt**

In der Ferne ist ein Fluss zu sehen. Ich habe kein Leben. Ich habe ein Programm. Trotzdem weiß ich manchmal nicht, wohin ich gehen soll. Ich fließe auf dem warmen Strom zum hohen Dom, in dem die Verwandtschaft sich versammelt. Tief im Süden schimmert im Skorpion rötlich Antares, der Riesenstern. Ich erinnere mich an keine Zeit.

Gerade sitze ich in einem Brutkasten, draußen kämpfen zwei Männer, ein alter und ein junger, mit Schwertern, die wie aus Licht sind, gegeneinander, oder ist es ein Gewächshaus im Botanischen Garten, in dem ich mich befinde, auf jeden Fall sind die Knöpfe meines Hemdes offen. Der heilige

Fluss entspringt oben im Hochland.

Einer der Männer, der sich *Liebe* nennt, singt ein Lied, seine Füße sind feucht. Er freut sich, öffnet eine frisch gestrichene Tür und betritt einen Raum, der einem Museum ähnlich ist, in dem ein afrikanischer Künstler sitzt, der behauptet, in einem Stein befinde sich ein Wesen, das er befreien müsse. Galeristen stehen an weißen Brüstungselementen und wischen sich verlegen den Schweiß von den Augenbrauen. Ein anderer Künstler betritt diesen Raum und verlässt ihn wortlos wieder.

Heute ist mein letzter Tag HIER. Ich werde alarmiert und muss mich sofort in meinem Stützpunkt melden, der heißt *Brückenkopf*. Auf meinem Weg treffe ich eine Wahrsagerin mit Namen Norma Fraumann, die will mir nur helfen und sagt, dass sie in den Handlinien die Schicksale der Menschen lesen kann. Sie erzählt mir zuerst von meiner Vergangenheit und gewinnt so mein Vertrauen. Dann erst berichtet sie von meiner Zukunft. Sie deutet an, dass das Datum meines Hochzeitstages entsprechend der Menstruation meiner Braut festgelegt wird, damit ihre Blutquelle nicht aufgedeckt wird. Der Stützpunkt befindet sich am Eingang einer Schlucht. Ich erhalte den Auftrag, den Verkehrsweg zu überwachen und gegen räuberische Übergriffe zu schützen. Mit einer in das Blut eines Meerestieres getauchten Schnur gürte ich mich und beschütze die kleinen Dörfer und Bauernschaften, verteidige die Hügelgräber und Herrensitze mit meinem Leben. In der Luft liegt ein leichter Duft von brennendem Fleisch. Meine Kameraden schlafen. Ich habe ein Buch mit Bildern von wehrhaften Burgen, alten Kirchen und Klöstern, klappernden Mühlen und Funden aus der Vorzeit. Viele Seiten sind farbig. Auf meinem Lieblingsbild grasen schwarze Pferde auf der Weide eines Bauernhofs, der sich hinter großen Kastanien versteckt.

Ich nehme einen Schluck aus der Flasche, die gefüllt ist mit Wasser. Jemand erzählt einen Witz und ich lache. Damit ich mir die Position der Grenzsteine besser merken kann, bekomme ich eine Ohrfeige, denn ich bin der amtierende Kinderschützenkönig. Meine Gefühle kann ich verbergen bei den Kontrollgängen entlang der benachbarten Territorien. Unstimmigkeiten kläre ich an Ort und Stelle, rücke verschobene Grenzsteine zurecht, reiße unberechtigt aufgestellte Zäune ein und fälle die Bäume, die auf fremden Gebiet wuchern. Unten am Fluss schwängere ich meine Frau.